模拟开店铺！

益智又好玩的

折纸游戏

[日]石川真理子 著　刘淼淼 译

人民邮电出版社

北京

图书在版编目（ＣＩＰ）数据

模拟开店铺！：益智又好玩的折纸游戏／（日）石川真理子著；刘淼淼译. -- 北京：人民邮电出版社，2020.9
ISBN 978-7-115-47284-7

Ⅰ．①模… Ⅱ．①石… ②刘… Ⅲ．①折纸－技法(美术)－学前教育－教学参考资料 Ⅳ．①G613.6

中国版本图书馆CIP数据核字(2020)第014169号

版 权 声 明

新版 おりがみでごっこあそび
© Mariko Ishikawa 2018
Originally published in Japan by Shufunotomo Co., Ltd
Translation rights arranged with Shufunotomo Co., Ltd.
Through Beijing Kareka Consultation Center.

◆ 著 [日]石川真理子
　 译 刘淼淼
　 责任编辑 陈 晨
　 责任印制 陈 犇

　◆ 人民邮电出版社出版发行　北京市丰台区成寿寺路 11 号
　 邮编 100164　电子邮件 315@ptpress.com.cn
　 网址 https://www.ptpress.com.cn
　 雅迪云印（天津）科技有限公司印刷

◆ 开本：787×1092　1/20
　 印张：6.6　　　　　　　　 2020 年 9 月第 1 版
　 字数：257 千字　　　　　 2020 年 9 月天津第 1 次印刷
　　　　 著作权合同登记号　图字：01-2019-3090 号

定价：59.80 元

读者服务热线：(010)81055296　印装质量热线：(010)81055316
反盗版热线：(010)81055315
广告经营许可证：京东市监广登字 20170147 号

内 容 提 要

　　折纸不仅是一种游戏，还可以变成创造物品的神奇魔法。很多人都幻想过开一家可爱的甜品店、全是美味菜式的餐厅或充满惊喜的玩具店。你是否想过，这些店内的商品，其实都可以用简单的折纸制成？让我们一起翻开这本书，学习使用魔法般的折纸方法来实现做店长的梦想吧。

　　本书先列举了折纸常用材料和工具，介绍了基础制作方法和操作技巧；接下来讲解了80余个具体实例，分别对应甜品店、食品店、杂货店等不同店铺。读者可以轻松愉快地掌握从冰激凌到玩具等丰富多彩的商品的折纸制作方法。

　　本书不仅可以直接运用于幼教课堂，也可以用于亲子互动游戏，同时可为成人纸艺爱好者打开创作思路。

哇，太棒了！

仅用纸，
就可以轻轻松松成为店长！★

本书收录了许多用纸就可以简单制作的店内商品手工作品。

我们玩折纸，还可以包括剪纸、撕纸、揉纸球等多种手法。

让我们一起享受手工的乐趣，
和小·伙伴或家人一起玩当店长的游戏吧！！

石川真理子

致大人们的小提示

●在使用剪刀、碎纸机或竹签等锋利或尖锐物品时，不要让孩子离开您的视线。

●请注意不要让孩子把材料或作品放入口中，更不能吞食。

●根据使用方法的不同，纸巾或厨房用纸的用量也有所不同，请随时帮助孩子调整。

目录

大家的最爱！

1 甜品店游戏

2 美味集结地！
食品店游戏

书中的 ⭐ 符号的说明

大照片中，不同作品旁边分别标有 ⭐ 和数字（1、2、3等）。

⭐ 2的制作方法在这里

例如，这个制作方法要到同样标有 ⭐ 2 的地方去看

常用材料和工具

纸

本书中使用的是长15厘米、宽15厘米的纸。

使用有图案的纸或背面也有颜色的纸可以达到很好的效果。

废物利用材料

●卷纸芯

既可以当材料又可以当工具，非常方便。

●塑料瓶盖

也可以使用彩色瓶盖。

●瓦楞纸板

可以从瓦楞纸箱上剪下来，剪的时候可以请大人来帮忙。

●竹签

因为竹签的一端很尖，所以使用时一定要小心。

●吸管

把不同粗细和不同长度的吸管收集起来。

●牛奶盒

也可以使用果汁或茶的包装盒，把它们洗干净再用吧。

●卡纸

放点心或纸巾的盒子，折纸袋里的衬纸等都可以拿来用。

●手工用纸

因为纸上有格子，所以可以立刻知道尺寸。

我们身边的材料

小纸杯

5厘米   8厘米

● 纸杯

一般使用高度为5厘米的小纸杯和高度为8厘米的普通纸杯。

● 厨房用纸

纸面凹凸不平，就像米饭一样。在制作寿司时会经常用到。

● 纸巾

既可以做奶油，又可以做冰激凌，非常有用。

制作所需工具

● 透明胶条

用于将纸或各种材料粘在一起。

● 剪刀

使用时千万要小心，不要受伤。无法熟练操作的时候就找大人帮忙吧。

● 胶棒

胶棒能速干，很方便。如果用胶水，一定要薄薄地涂。

● 双面胶

想粘东西的时候可以使用，能够立刻粘住。

● 彩笔

用于在纸上画出图案。
要注意不要把周围弄脏。
可以用水彩笔、蜡笔或彩铅。

● 量勺

在想要做出球形纸团时使用，非常方便。要选择较深的勺子。

9

作品的基础制作方法

【折纸】

按箭头方向折叠。

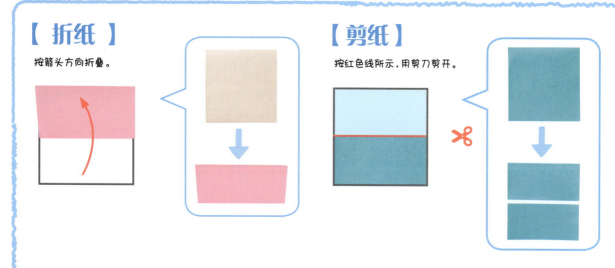

【剪纸】

按红色线所示，用剪刀剪开。

裁剪纸张以获得不同尺寸

将长15厘米、宽15厘米的纸剪开使用。

【剪下 1/2 张纸】

将纸对折。

展开。

沿着折痕用剪刀剪开。

如果折痕十分清晰，也可以用手撕开。

【剪下 1/4 张纸】

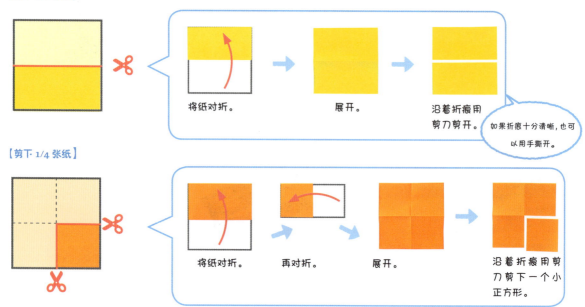

将纸对折。

再对折。

展开。

沿着折痕用剪刀剪下一个小正方形。

【揉皱】

将一张平整的纸，用手揉成一团。

小心展平，不要弄破。

【卷成筒】

把纸卷成筒状，将纸的两条边稍微重合一段。用胶棒或透明胶条固定重合处。

【剪下 1/16 纸张】

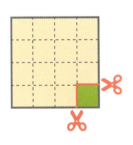

将纸对折。

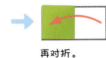

再对折。

再对折。

再对折。

展开。

沿着折痕用剪刀剪下一个小正方形。

【剪下如图所示的形状】

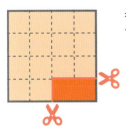

将1张纸折成16块，剪下其中两个小正方形。

【剪下 1/4 纸张】

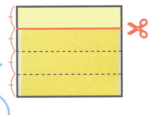

要剪下一个细长的1/4大小的纸片，需要将纸沿同一个方向对折两次后展开，然后剪下其中一个细长的长方形。

这是相同长度（宽度）的标志。

11

一些小技巧

剪细条

制作切成丝的圆白菜或乌冬面时，将纸剪成细条的技巧。

【用剪刀】

1 将纸卷成一个细长的卷。

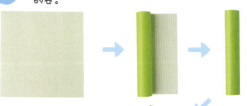

2 沿纸卷的一端剪下窄窄的一条，展开之后就变成了细长的条。

【用碎纸机】

将纸放进去，转动手柄。

就能轻松得到许多细条的纸。

※ 也有不是裁成细条而是剪成纸屑的碎纸机。

剪成锯齿状

【用锯齿剪刀】

有能直接将纸边变成波浪形或者锯齿形的剪刀。

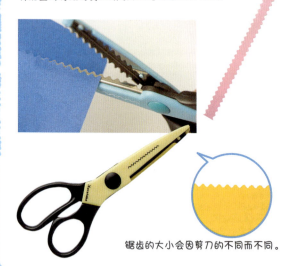

锯齿的大小会因剪刀的不同而不同。

制作大量相同的形状

【使用打孔器】

这是在纸上打孔的工具，有星星或者心形等许多形状。

将纸从打孔器的一侧塞进去，再从上往下用力按下去，就能做出许多星星了。

1

大家的最爱!

甜品店

游戏

要不要品尝?
很美味哦!

五颜六色的时髦糖果，真可爱！

糖果店

仅是看到各式各样的糖果，心情就会变好。

多做一些来玩吧。

制作饴糖

1 剪下1/4大小的纸。

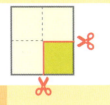

2 纸的背面向上,将纸巾揉成球放在纸上面。

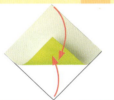

3 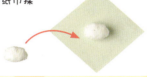 将纸的上下两个角向中间卷起,包裹住纸巾。

4 在箭头所示的位置捏住纸。

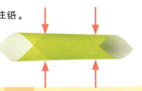

5 将捏住的部分拧一下。

6 整理好形状即可。

制作棒棒糖

1 剪下1/4大小的纸。

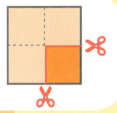

2 从瓦楞纸板上剪下一个直径为5cm的圆形。纸的背面向上,把圆形纸板放在纸上面。

5cm

3 用纸将圆形纸板包起来。

4 用透明胶条把吸管粘在纸包的背面。

5 在纸包正面画上棒棒糖的图案。

仿佛能闻到甜甜的香味！

法式薄脆店

分别制作出薄脆饼和它的顶部装饰，

可以是各种喜欢的东西。

一起做各种各样的法式薄脆吧。

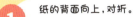

制作薄脆饼

1 纸的背面向上,对折。

2 再次对折。

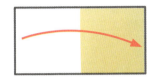

推荐草莓薄脆!

3 再次对折成三角形。

多做一些薄脆饼吧!

4 如图所示,沿着曲线剪开。

5 展开即可。

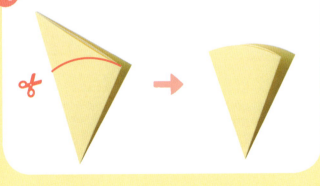

17

制作草莓薄脆

鲜奶油

1 将纸巾对折。

2 卷成细细的一条。

3 拧成绳子状。

4 将绳子盘成圆形。

5 将绳子末端塞进底部即可。

鲜奶油就做好了！

草莓

1 剪下1/4张纸。

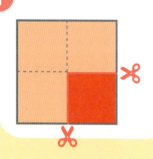

2 揉皱。

3 揉成椭圆形。

4 再剪下1/4张纸，将其剪成草莓蒂的形状，用胶棒粘到揉皱的椭圆形上，画上点即可。

草莓做好之后就可以放到薄脆上了。

装饰薄脆饼

要放在这里哦。

1 把草莓和鲜奶油放在薄脆饼（见第17页）的背面。

2 对折。

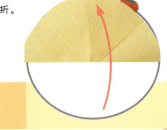

3 将薄脆饼折成三角形，包裹住馅料。

4 如图所示，将1/4张纸卷在薄脆饼下面。

5 全部卷好即可。

是不是做出了好吃的样子呢？

19

制作各种各样的顶部装饰

猕猴桃

1 在纸上画出图案。

画成草莓（见第18页）的大小。

2 粘在瓦楞纸板上。

3 沿着边缘剪下即可。

杏仁

在纸上画出图案，剪下来。

香蕉

跟猕猴桃的制作方法是一样的！

巧克力

蓝莓

1 剪下1/16张纸。

2 多剪几个，揉成小球即可。

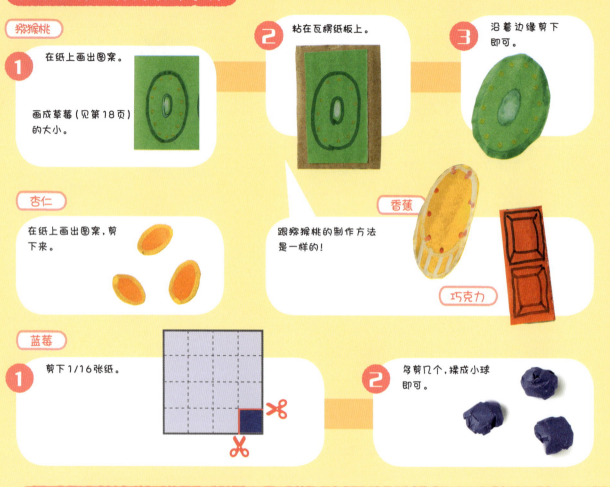

制作一个放法式薄脆的底座 ★ 5

1 用剪刀从卷纸芯的两端向内各剪出约4厘米。

4厘米 4厘米

2 用纸将卷纸芯卷起来。

3 把两端多余的部分折进去

制作 3 种法式薄脆

做好许多顶部装饰之后，将它们组合起来制作法式薄脆吧！

鲜奶油

猕猴桃

薄饼

猕猴桃薄脆
★ 2

鲜奶油

巧克力

香蕉

杏仁

薄饼

香蕉巧克力薄脆
★ 3

鲜奶油

蓝莓

薄饼

蓝莓薄脆
★ 4

④ 用圆珠笔等在剪切线的内端扎两个洞。

⑤ 将闭合的剪刀扎进去，把洞扩大。

⑥ 把底部按平整即可。

平整

21

杯装冰激凌和甜筒，吃哪种好呢？

冰激凌店

就好像是真的冰激凌店一样！
挑战一下双层或者三层也很有趣呀！

制作冰激凌

1 剪下 1/4 纸张。

2 将纸的正面朝下，放进量勺里。

3 塞入纸巾。

5 从量勺中取出即可。

是半球形的冰激凌球哦！

4 用纸把纸巾包住，并用透明胶条把纸粘住。

制作圆圆的冰激凌！

1 制作两个半球形冰激凌球。

2 将两个较平的面对齐。

有没有做出好看的冰激凌球呢？

第3步中的纸条

3 将纸剪下细长的一条，背面贴好双面胶。

4 在两个冰激凌球中间的缝隙处，卷上第3步中的细纸条即可。

制作冰激凌杯 1

1 沿纸杯杯沿剪进去，将下面的部分全部剪下来。
杯沿的一圈也剪下来。

5毫米

3厘米
（用较小的纸杯制作时剪2厘米）

制作小冰激凌杯时，
要用小一点的纸杯。

2 将剪下来的杯沿装到剪下来的杯子的下半部分。

上部

下部

3 将多余的杯沿部分剪掉即可。

将半球形的冰激凌球放进去也不错。

进行装饰

把用打孔器做出来的或是剪出来的纸用胶棒粘上去进行装饰！

蓝莓 2

在纸上画出图案再制作也很好哦。

草莓 3

用不同的量勺试一下

改变一下量勺的大小，就可以做出各种大小的冰激凌球了。

迷你草莓 4

小的

大的

制作甜筒脆皮 5

 2 再对折。

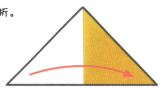

1 纸的背面向上，对折。

3 画出图案。

4 将从第3步中得到的纸卷起来，把多余部分向内折进去即可。

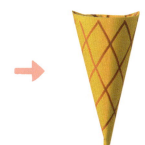

在甜筒上放冰激凌球最合适！

制作放甜筒的底座 6

1 将纸杯按高度的一半剪下一部分。

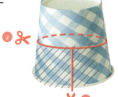

2 用圆珠笔等的尖端扎一个洞。

3 把洞扩大即可。

多样的颜色和圆圆的形状非常可爱。

马卡龙店

马卡龙中间夹着纸巾做的奶油。
锯齿形状的纸是
把马卡龙做得惟妙惟肖的诀窍。

制作马卡龙

1 剪下1/4张纸。

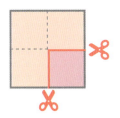

2 纸的背面向上，放在塑料瓶盖里。

4 用纸把纸巾包裹住，包好后从瓶盖中取出。

3 塞入纸巾。

5 剪下1/16张纸。

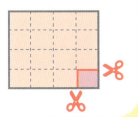

偷偷吃掉！

6 翻过来，然后对折。

7 再次对折。

8 再次对折成三角形。

下一页

27

接上一页

9 将纸按图中的方向放置，用锯齿剪刀沿着图片上的曲线剪裁，然后展开。

上下重叠，
一起剪开。

第27页中标有 ★
符号的角。

10 将第4步和第9步中的内容各制作两份，然后分别用胶棒粘起来，这就是马卡龙的两个饼身。

再用其他颜色和
图案的纸制作，
试试吧。

11 另取一张纸巾，将其揉成球状并压扁，这就是马卡龙的馅料。用两个饼身较平整的一面夹住馅料，并用双面胶固定，马卡龙就完成了。

挑战不同大小

如果用大瓶盖或大量勺制作，就会做出更大的马卡龙哦。

要不要来点比较适合成年人的甜点呢?

巧克力店

塑料瓶盖大变身,成为巧克力!
尽管做起来很简单,但和真的巧克力一模一样!

★ 2 的装饰

奶油

1 剪下 1/4 张纸巾,将各层纸巾揭开剥下来,只留下薄薄的一层。

2 松松地拧成绳子。

3 用透明胶条将纸巾拧成的绳子一圈一圈地缠绕起来。

有黏性的一面

4 做成如图所示形状,剪掉周围多余的透明胶条即可。

巧克力棒

1 从纸上撕下一条细细的边。

2 缠在牙签上。

3 去掉牙签即可。

制作巧克力 ★ 1

1 剪下 1/4 张纸。

2 将塑料瓶盖放在纸背面,用纸将塑料瓶盖包裹住。

3 用纸制作一些小装饰,然后用胶棒粘在巧克力上即可。

推荐使用打孔器(见第 12 页)制作。

迷你甜甜圈，仿佛无论多少都吃得下！

甜甜圈店

将纸从上向下轻轻握出褶皱，这种甜甜圈的制作方式很有趣哦。

制作甜甜圈

1 剪下1/2张纸。

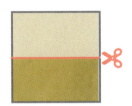

2 卷成一个卷，用胶棒粘好。

把卷纸芯放在中间，制作起来更容易哦。

3 等胶干透，从上向下按压出褶皱，把形状整理好即可。

一个普通甜甜圈就做好啦!

制作各种各样的甜甜圈吧!

条纹

在进行第1步的时候，先在纸上画出图案，然后制作。

双色

分别剪下两种不同颜色的纸的1/4，用胶棒将这些纸粘成一个卷，然后制作。

加奶油

剪下1/4张纸，对折两次，如图所示，沿着两条曲线剪下。展开后铺在甜甜圈上粘好即可。

一不小心就会被当成真的吃掉！

曲奇饼店

想着要是有些曲奇饼就好了，那就做起来吧！
花朵曲奇和小熊曲奇都很有趣啊。

制作曲奇饼

1 剪下两份1/4张纸。

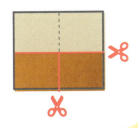

2 将瓦楞纸板剪成和纸一样大小。

3 把纸贴在瓦楞纸板的正反两面。

4 剪成曲奇饼的形状。

用锯齿剪刀剪出来的也不错呀。

5 画上图案即可。

再做些焦糖色和奶油色的曲奇饼吧。

尝试用曲奇饼模具制作

试着用真正的曲奇饼模具,来做各种形状的曲奇饼吧。

小熊、姜饼人、心形和星星形状的曲奇饼都是用曲奇饼模具做出来的。

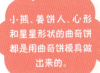

有一种成了自己十分憧憬的西点师的感觉！

蛋糕店

女孩子们最憧憬的是什么呢？当然是成为西点师了！
就让我们用逼真的折纸蛋糕来进行练习吧！

35

制作裱花蛋糕 1

1

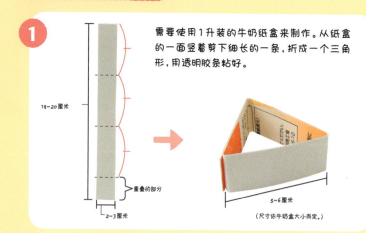

需要使用1升装的牛奶纸盒来制作。从纸盒的一面竖着剪下细长的一条，折成一个三角形，用透明胶条粘好。

19~20厘米

重叠的部分

2~3厘米

5~6厘米

（尺寸依牛奶盒大小而定。）

2

将纸揉皱。

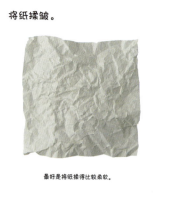

最好是将纸揉搓得比较柔软。

3

用第2步中的纸包裹住第1步里的牛奶纸盒。

4

制作蛋糕上的各种装饰，然后用胶棒粘上去。

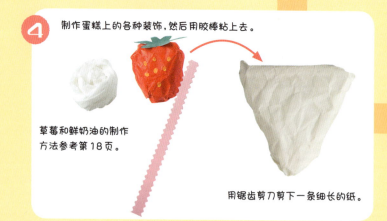

草莓和鲜奶油的制作方法参考第18页。

用锯齿剪刀剪下一条细长的纸。

5

整理一下形状即可。

这可是最受欢迎的蛋糕哦。

制作巧克力蛋糕 2

1 需要使用1升装的牛奶纸盒来制作。从纸盒的一面竖着剪下细长的一条，折成一个正方形，用透明胶条粘好。

19~20厘米

重叠的部分

2~3厘米

4~5厘米

（尺寸依牛奶盒大小而定。）

2 用揉皱的纸包裹住。

3 用胶棒粘上顶部装饰即可。

再用别的颜色制作试试吧。

制作巧克力棒

1 剪下纸的如图所示的部分。

2 将剪下的纸缠绕在细吸管上，用胶棒固定。

3 取出吸管即可。

将一段稍微抽出一点，简直像真的一样！

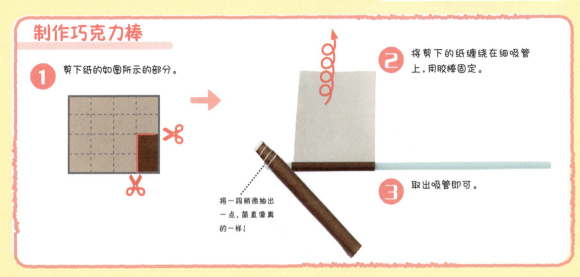

制作圆形蛋糕

1 将卷纸芯剪下一圈。

3厘米

2 用纸包裹住卷纸芯。

圆形蛋糕的蛋糕胚完成了。

草莓圆形蛋糕

4 对折两次，按图中所示剪裁。

3 剪下1/4张纸。

5 将第4步中得到的纸展开，用胶棒粘在圆形蛋糕的蛋糕胚上。

把装饰粘在上面即可。

叶子

草莓

鲜奶油

草莓
剪下1/4张纸巾，将其多层纸巾揭开剥下来，只留下薄薄的一层，将其揉成小球。用1/4张纸将其包裹住，像这样制作4个草莓。

鲜奶油
按照第18页的鲜奶油的制作方法制作。

叶子
将纸剪成叶子的形状即可。

蜜橘圆形蛋糕

3 将装饰用胶棒粘在上面即可。

叶子

鲜奶油

蜜橘

蓝莓

覆盆子

蜜橘
剪下1/4张纸巾，将其多层纸巾揭开剥下来，只留下薄薄的一层，将其揉成小球。用1/4张纸将其包裹住，画上图案即可。

覆盆子
将1/4张纸揉成小球即可。

蓝莓
将1/16张纸揉成小球即可。

鲜奶油
按照第18页的鲜奶油的制作方法，将纸巾剪成原来的一半制作即可。

叶子
将纸剪成叶子的形状即可。

制作茶杯蛋糕 5

 剪下一条细长的纸，纸的一边用锯齿剪刀剪成锯齿形。

2~3厘米

让纸能够完全盖住卷纸芯。

1 将卷纸芯剪下一圈。

2厘米

3 用第2步中的纸将第1步中剪下来的卷纸芯包裹住，末端用透明胶条固定。

茶杯就做好了。

4 把纸揉皱。

5 纸背面向上，将纸巾揉成纸球，放在纸上面。

8 用胶棒将装饰粘在上面，并在杯子上画上图案即可。

将纸剪碎，做成装饰。

6 用纸包裹住纸巾。

7 放进第3步中做好的茶杯中。

制作奶油泡芙 6

1 将纸揉皱。

2 卷成纸卷，用胶棒固定。

3 对折之后展开，留下一条折痕。

4 用纸巾制作两个稍扁的圆饼，从两侧塞入。

5 两端稍微向内折，将开口封住。 先折4个角。

然后将两端折进去。

6 捏住中间，对折。

7 将纸巾揉成稍扁的圆饼，塞入中间，用双面胶固定。

8 在上面涂上焦糖色。做成烤得恰到好处的样子。

2

美味集结地！

食品店

游戏

欢迎光临！

大声说"欢迎光临"吧！

寿司店

多做一些寿司饭，
在上面放各种材料。
可以做很多很多喜欢的种类。
再做一个寿司台，把寿司放上去吧！

制作寿司饭 ⭐ 1

1 将厨房用纸的两边向中间对折。

2 再次对折。

3 从一边轻轻卷起，然后用透明胶条固定即可。

> 做成什么口味的寿司比较好呢？

制作金枪鱼寿司 ⭐ 2

1 剪下1/4张彩纸。

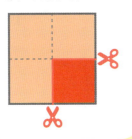

2 从背面对折。

3 用透明胶条将第2步中做好的纸粘在寿司饭上即可。

将透明胶条有黏性的一面向外，卷成环形。

> 用双面胶也可以哦！

> 这可是大家都很喜欢的金枪鱼寿司。

制作鲑鱼寿司 ⭐ 3

1 重复制作金枪鱼寿司的前两个步骤，在纸上画出图案。

2 和制作金枪鱼寿司一样，将刚才制作的鲑鱼粘在寿司饭上即可！

> 鲑鱼寿司看起来也好好吃啊！

好的，请稍等！

制作虾·寿司 4

1 重复第43页的金枪鱼寿司做法的前两个步骤，然后将纸再次对折。

2 按照图片中的位置用剪刀裁剪。

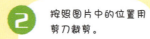

3 将第2步中得到的纸展开，将下面的两个角稍稍折进去，画上图案。

4 和制作金枪鱼寿司一样，将刚才制作的虾粘在寿司饭上即可。

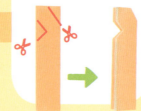

有没有做成漂亮的形状呢？

制作墨鱼寿司 5

1 剪下宽度为彩纸的1/8的竖条。

做海苔。

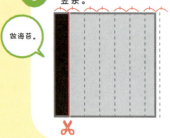

2 重复制作金枪鱼寿司的前两个步骤，制作墨鱼。将墨鱼放在寿司饭上，用海苔卷起来。

3 将海苔多余的部分剪掉，然后用透明胶条固定即可。

看起来就像高级寿司！

制作玉子烧寿司 6

1 将彩纸对折。

2 像卷卷纸一样向前折叠三次，用透明胶条固定。

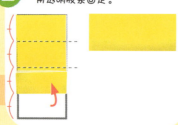

3 重复制作墨鱼寿司的第1步，制作海苔。在寿司饭上粘上第2步中制作的玉子烧，再用海苔卷好即可。

松松软软的玉子烧寿司看起来太好吃啦！

制作三文鱼籽军舰寿司 ★ 7

1 寿司饭要做得小一点。按照第43页中制作寿司饭的方法的第1步做好后，折叠为原宽度的1/3，然后卷成一个比较圆的卷。

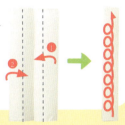

2 剪下宽度为彩纸的1/4的竖条。

3 用第2步中制作的海苔将第1步中制作的寿司饭卷起来，再用透明胶条粘好。

4 将彩纸剪成1/16的大小，揉几个小纸球做三文鱼籽。

5 将第4步中制作的三文鱼籽放到第3步中制作的步的饭团上即可。

要做成圆滚滚、好像马上就要掉下来的样子！

制作腌姜 ★ 8

1 将彩纸撕成三四块。

2 稍微揉皱一点即可。

制作寿司台 ★ 9

1 按如图所示的尺寸将瓦楞纸板裁剪好，在写有 b 的两小块中间刻上切割线。

20 厘米　6 厘米　6 厘米　12 厘米

2 将写有 b 的纸板一端分别和写有 a 的纸板两端对齐，然后将内侧一端用透明胶条固定。

3 将写有 b 的纸板稍微向上折起，用透明胶条粘住即可。

翻过来之后再把寿司摆到上面吧！

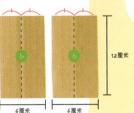

虾 ● 墨鱼 ● 玉子烧 ● 三文鱼籽 ● 腌姜 ● 寿司台

将喜欢的小菜组合起来制作便当吧！

便当店

汉堡牛肉饼便当

炸虾便当

★ 1

★ 15

★ 13

★ 14

★ 5

★ 2

★ 3

饭团便当

★ 17

★ 16

★ 16

烧卖便当

★ 14

★ 4

15

16

9

油豆腐寿司便当

11

10

7

16

6

15

用纸制作大家非常喜欢的便当！
晴朗的天气里，在公园"吃便当"，
小伙伴们也许会把它当成真的呢。

制作炸虾· 1

1 剪下1/2张纸。

2 揉皱。

3 将纸巾叠成细长的形状。

长度大概为纸的一半。

5 用纸把纸巾卷起来，用胶棒固定。

4 将第2步中的纸背面向上，把纸巾放在上面。

纸巾要稍微靠近一端放置。

6 将有纸巾的一端向内折叠。

8 将纸剪成虾尾的形状，用胶棒将其粘在包裹有纸巾的纸的一端。

7 另一端捏紧，剪掉多余的部分。

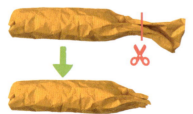

9 稍微整理一下形状，画上图案即可。

看起来脆脆的，很好吃。

制作汉堡牛肉饼 2

1 将纸揉皱。

2 纸的背面向上，剪去4个角。将纸巾做成圆饼，放在纸上面。

3 用纸将纸巾包裹住，用透明胶条粘好。

4 翻过来，涂上色即可。

在纸的纸痕处稍微涂上一点颜色，做出烤焦的效果，让它看起来更美味。

制作烧卖 3

1 将浅茶色的纸按图中所示的大小剪下来。

将纸折成 16 个格子，剪下由其中 9 个格子组成的正方形。

2 将两个塑料瓶盖合起来，用透明胶条固定好。纸的背面向上，将瓶盖放在纸上面。

5 把第 3 步中的瓶盖放上去包裹住。

4 剪下 1/4 张白色纸。

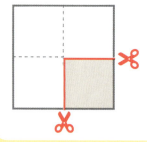

3 用纸把塑料瓶盖包裹住，翻转过来。

6 剪下 1/16 张绿色纸。

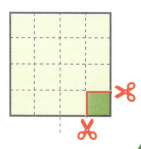

7 揉成小球，放在包好的瓶盖上即可。

大概需要做 3 个烧卖吧！

制作炸鸡 4

1 将橙色纸揉皱。

2 纸的背面向上。

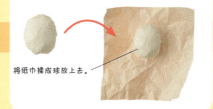

将纸巾揉成球放上去。

3 从上面向下翻折。

7 稍微整理一下形状。

6 将上端向内折,稍微做得圆一点。

5 将箭头所示的部分握皱。

4 从左右两端向中间将纸巾包起来,用胶棒固定。

8 剪下1/4张白色纸。

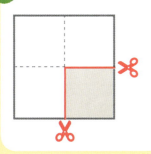

9 对折。

10 如图所示,用剪刀剪出细细的口。

11 卷在第7步中的鸡腿上,用透明胶条固定,涂上一点颜色做出烧焦的感觉即可。

51

制作煎蛋 5

1 将白色的纸揉皱。

2 纸的背面向上，剪掉4个角。将剪成椭圆形的瓦楞纸板放在纸的上面。

8厘米

5 将纸巾揉成一个稍扁的圆饼。

4 剪下1/4张黄色纸。

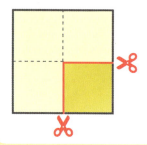

3 用纸包住瓦楞纸板，用透明胶条固定。

6 将第5步中的纸巾用第4步中的黄色纸包裹住。用双面胶将包裹好的纸巾粘在第3步中的纸板正面。

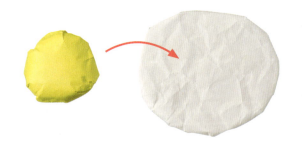

7 稍微整理一下形状即可。

松松软软看起来真好吃啊。

制作维也纳香肠 ⭐ 6

1 剪下1/4张纸。

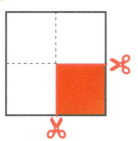

2 卷成纸卷，用胶棒固定。

3 塞入纸巾。

4 拧紧一端封口。

5 拧紧另一端封口。

6 画上图案即可。

还可以制作章鱼香肠 ⭐ 7

1 将第4步中做好的香肠没有封口的一端用剪刀剪几下。

2 整理一下形状，给章鱼画上脸即可。

章鱼香肠是便当里的大明星！

制作饭团 8

1 将厨房用纸对折。

2 如图所示，折成细长形。

4 将末端折进去，整理成饭团那样的三角形。

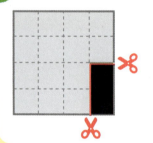

3 从一端开始向内折叠，折出三角形。

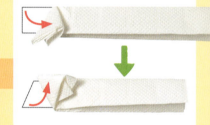

5 将纸按如图所示的形状裁剪。

6 揉皱。

7 纸的背面向上，四周向内折边。

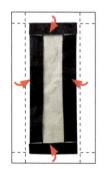

8 用双面胶固定在第4步中的饭团上即可。

这个饭团是什么馅儿的呢？

制作日式鸡肉饭

1 在纸上画出图案。

2 把纸杯剪下一半，将第1步中的纸背面向上放进纸杯中。

3 把纸巾塞进纸中。

4 用纸把纸巾包好，用透明胶条固定。

5 从纸杯中取出即可。

制作油豆腐寿司

10

1 纸的背面向上，对折，一侧的边缘稍微留出一些。留出的部分向下折，用胶棒粘住。

2 剪成两半。

3 将一端折叠封口，用透明胶条固定，另一端塞入纸巾。

4 塞入纸巾的一端也折叠封口，用透明胶条固定。

5 稍微整理一下形状即可。

便当店

● 饭团 ● 日式鸡肉饭 ● 油豆腐寿司

制作紫菜卷 11

1 剪下1/2张红色纸。

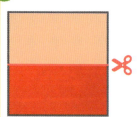

2 纸的背面向上，对折两次。

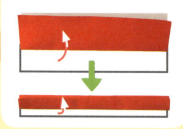

3 剪下宽度为原纸的1/4的黑色纸。

这是紫菜哦。

5 一端稍微向内折，将第2步中的红色纸放在如图所示的位置。

4 按照第3步中紫菜的大小，将厨房用纸折叠。

6 用厨房用纸将红色纸卷一圈，然后如图所示，将红色纸折叠进去。

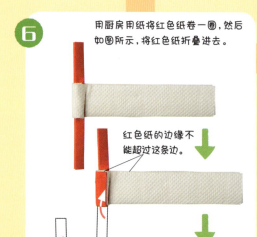

红色纸的边缘不能超过这条边。

这里稍微露出一点。

7 将纸全部卷起来，最后用透明胶条固定。

8 用第3步中的紫菜卷起来，用胶棒固定。

9 稍微整理一下形状即可。

将红色纸换成绿色纸，就可以制作"河童寿司卷"啦！

制作西蓝花 ⭐ 12

1 在纸上画出图案。

2 将第1步中的纸的背面向上,把纸巾揉成球放在纸上面。

3 用纸将纸巾包裹住,根部用力收紧,做成晴天娃娃的形状。

4 再次拧紧,稍微剪短一段。

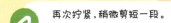

5 稍微整理一下形状即可。

制作香菇 ⭐ 13

1 与制作西蓝花的方法相同。纸的背面向上,把纸巾揉成球放在上面,用纸将纸巾包裹住,根部用力收紧。

2 再次拧紧,把多余的部分卷上去。

3 涂上颜色即可。

制作番茄 14

1 剪下1/4张纸。

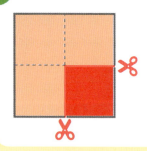

2 纸的背面向上，剪掉4个角。将纸巾揉成一个稍扁的圆饼，放在纸上。

3 用纸包裹住纸巾。

4

用纸制作番茄蒂，再用双面胶粘上即可。

制作甘蓝丝 15

1 将纸剪成细丝。

剪的方法可以参考
第12页

2 稍微揉搓一下即可。

制作生菜 16

1 在纸上画出图案。

2 纸的背面向上，对折两次。

3 撕成圆形。

4 揉皱。

5 把叠在一起的纸一张一张分开即可。

制作豆角 17

1 剪下1/4张纸。

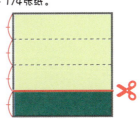

2 纸的背面向上，在两条长边上粘上双面胶，在一端放上一根吸管。

双面胶

3 将纸卷在吸管上，把吸管多余的部分剪掉。

4 剪成大约4厘米的小段即可。

让我们把蔬菜放上去，一起制作便当吧！

制作5种便当

15 甘蓝丝

13 香菇

●米饭
用厨房用纸包裹纸巾来制作哦。

14 番茄

16 生菜

1 炸虾

●炸鸡块
和炸肉块（见第69页）的制作方法相同。

炸虾便当

16 生菜

9 日式鸡肉饭

15 甘蓝丝

12 西蓝花

5 煎蛋

●土豆泥沙拉
和冰激凌（见第23页）的制作方法相同。

2 汉堡牛肉饼

汉堡牛肉饼便当

★ 3 烧卖

★ 16 生菜

★ 6 维也纳香肠

7

章鱼香肠

★ 15
甘蓝丝

烧卖便当

★ 17 豆角

★ 8 饭团

★ 14 番茄

饭团便当

★ 16 生菜

★ 4 炸鸡

●叶兰

剪下 1/4 张纸,
对折两次,
剪出锯齿即可。

油豆腐寿司便当

★ 10
油豆腐寿司

★ 11 紫菜卷

汉堡搭配炸薯条怎么样？

快餐店

★4
炸肉块

★1
汉堡

★2
炸薯条

●饮料
与第94页中的冰激凌苏打水的
制作方法相同。

★3
热狗

●番茄酱
用纸包裹住纸巾,放入小盒子
即可。

分别制作面包片和汉堡肉,
然后一层一层叠起来,
看起来就像真的汉堡一样!
虽然稍微有点难,
但是要加油啊。
搭配的菜单也不要忘了哦。

63

制作汉堡 ⭐ 1

小圆面包（面包）

1 将瓦楞纸板剪成圆形。

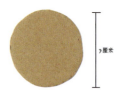

7厘米

2 将厨房用纸做成和瓦楞纸板相同大小的稍扁的圆饼。

3 纸的背面向上，剪掉4个角，然后将厨房用纸和瓦楞纸板叠放上去。

① ②

4 用纸包裹住，用透明胶条固定。

5 制作两个这样的圆饼即可。

番茄、泡菜

1 剪下两张圆形纸及一张圆形瓦楞纸。

5厘米

2 将两张纸用胶棒粘在瓦楞纸板两面。

3 画上图案即可。

● 番茄

3厘米

● 泡菜

用同样的方法制作泡菜，但要做得稍微小一点。

肉饼（汉堡牛肉饼）

1 将瓦楞纸板剪成圆形。

7厘米

2 用纸巾做成和瓦楞纸板相同大小的稍扁的圆饼。

3 将纸揉皱。

4 纸的背面向上，剪掉4个角，然后将纸巾和瓦楞纸板叠放上去。

5 用纸包裹住，再用透明胶条固定即可。

 翻转到正面

芝士片

纸的背面向上，对折，再对折即可。

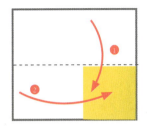

生菜

按照第59页的方法制作生菜即可。

制作汉堡

放入2个肉饼就会变成双层肉饼汉堡！

这个套餐300日元！

按照这个顺序从下往上叠起来。

上

小圆面包（面包）

生菜

泡菜

番茄

芝士片

肉饼（汉堡牛肉饼）

生菜

小圆面包（面）

下

制作炸薯条   2

1 红色纸的背面向上，对折。

2 仅将上面的半张纸向下折叠1/4。

最喜欢薯条了！

3 翻转过来，从左右两边向中间对折，边缘稍微重叠一点。

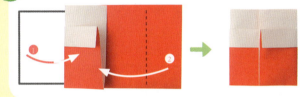

4 用透明胶条固定，上面留出来的部分向下折叠。

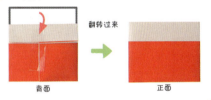

背面   翻转过来   正面

5 如图所示，剪下黄色的部分。

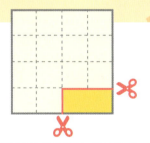

7 按照第6步的方法多制作一些薯条，放进第4步中制作出的薯条包里。

6 翻转过来，对折两次。

8 进行装饰即可。

制作热狗 3

1 将黄色的纸揉皱。

2 卷成纸卷，用胶棒固定。

3 将纸巾剪掉一半，叠成细长条形。

制作两个哦。

5 将4个角向内折成小三角形，两端内折封口。

4 分别放在黄色纸卷的两端。

6 将放入纸巾的部分稍微折一下，整理成热狗里面包的形状。

今天的午饭！

7 剪下1/2张橙色的纸。

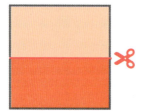

8 将纸巾剪下一半，卷成细长的卷。纸的背面向上，把纸巾放在纸上面。

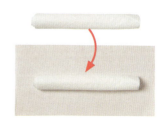

9 将纸左右两端向内折。

10 将纸上下两端向内折,将纸巾包裹住,用胶棒固定。

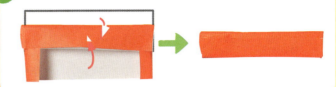

11 将纸两端捏紧收口。用纸剪出装饰,用胶棒粘在包裹有纸巾的纸上。

12 制作两片生菜(见59页),放在第6步中的面包上。

13 将第11步中制作的香肠放在面包上面即可。

制作炸肉块

1 剪下1/2张纸。

2 揉皱。

3 将纸巾揉成块状。纸的背面向上,把纸巾放在纸上面。

4 用纸包裹住纸巾即可。

有许多喜欢的食物！梦想中的餐厅

美食城

刨冰 ⭐10

⭐2 日式拉面

⭐1 乌冬面

⭐7 炒面

⭐9 章鱼小丸子

⭐4 蛋包饭

日式拉面与意大利面,咖喱饭与章鱼小丸子。
汇集了众多大家喜爱的食物的地方,就是美食城。
那么今天我们来吃点什么好呢?

美食城

★3
咖喱饭

★8
鲷鱼烧

★6
比萨

★5
那不勒斯式意大利面

面馆

1 乌冬面

2 日式拉面

制作乌冬面 1

炸豆腐

1 剪下1/2张纸。

2 揉皱。

3 纸的背面向上，把纸巾折叠成方形，放在纸上面。

4 将纸左右两边向内折叠，包裹住纸巾。

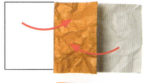

5 将纸上下两端向内折叠封口。

6 整理一下形状即可。

按照豆角（见第59页）的制作方
法做到第3步，然后剪成小块。

制作乌冬面

好烫！

1 将纸剪成细丝。

剪纸的方法参考第12页

2 放入碗中。

3 放上炸豆腐和葱花即可。

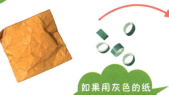

如果用灰色的纸
做出更细的面，就
变成荞麦面了哦。

制作日式拉面 2

叉烧

1 剪下1/4张纸。

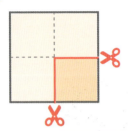

2 纸的背面向上，把纸巾做成稍扁的圆饼，放在纸上面。

3 用纸将纸巾包裹住。

4 画上图案即可。

鸣门卷

1 剪下如图所示的纸。

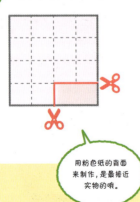

用粉色纸的背面来制作，是最接近实物的哦。

2 纸的背面向上，对折，内侧用胶棒粘起来。

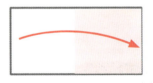

3 画上图案。

4 剪掉周围多余的部分即可。

菠菜

1 剪下1/4张纸。

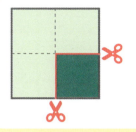

2 对折。

3 将纸进行多次折叠，折出长条形的折痕。

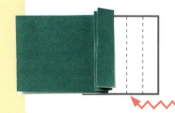

4 稍微展开，整理一下形状即可。

制作日式拉面

1 将纸剪成细丝。

剪法参考第12页。

2 放入碗中。

3 用叉烧、鸣门卷和菠菜装饰即可。

用双面都是黄色的纸来制作，就像真的面条一样了。

西餐区

5 那不勒斯式意大利面

4 蛋包饭

3 咖喱饭

6 比萨

制作咖喱饭

 3

咖喱

1 将纸对折。

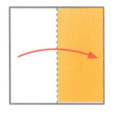

2 如图所示，将纸对折后剪下半圆，展开后变成圆形。

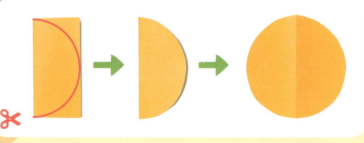

3 画上图案。

4 揉皱。

5 将一半折到后面去即可。

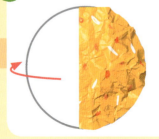

配料

1　剪下如图所示的纸。

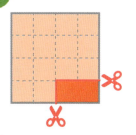

2　纸的背面向上，把纸巾折叠后放在纸上。

3　将纸从上下两部分折向中间，用胶棒固定。

4　再将纸从左右两部分分别折向中间，用胶棒固定。

5　整理一下形状即可。

用与胡萝卜、土豆和肉的颜色相似的纸来分别制作这三种配料。

制作咖喱饭

1　将配料用双面胶粘在咖喱上。

胡萝卜　土豆

肉

2　将纸巾用厨房用纸包裹住。

将红色的纸撕成小块放上去，就像加了什锦酱菜一样。

3　将第1步中的咖喱放在上面。

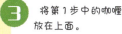

4　放在盘子里即可。

美食城

● 咖喱饭

77

制作蛋包饭 4

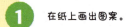

1 在纸上画出图案。

2 揉皱纸。

3 纸的背面向上，把纸巾揉成椭圆形放在纸上面。

4 用纸包裹住纸巾，用透明胶条固定。

5 整理一下形状即可。

鸡蛋

1 纸的背面向上，对折。

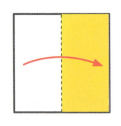

2 如图所示，将纸对折后剪成半圆，展开后变成圆形。

3 揉皱即可。

制作蛋包饭

1 用鸡蛋将番茄酱炒饭卷起来。

2 整理一下形状。

3 剪下如图所示形状的纸，制作番茄酱。

4 用胶棒将番茄酱粘到第2步的饭上。

5 装到盘子里即可。

甘蓝丝和番茄的制作方法请参考第58页。

再试试制作一个完全包裹起来的蛋包饭吧。

用鸡蛋将番茄酱炒饭全部包裹起来哦。

79

制作那不勒斯式意大利面 5

青椒

1 剪下1/2张纸。

2 卷成纸卷，用胶棒固定。

3 剪下细细的圆圈。

4 将圆圈按平即可。

制作那不勒斯式意大利面

1 将纸剪成细丝，制作成意大利面的样子。

剪法请参考第12页

2 装入盘子中。

3 将做好的青椒，以及用纸剪成方形做出来的火腿片装饰上去即可。

用两面都是橘色的纸做出来的意大利面最逼真了。

制作比萨 6

比萨饼胚

1 纸的背面向上,将瓦楞纸板剪成圆形放在纸上面。

13厘米

2 用手将纸的角撕下来,尽量撕成圆形,然后展开。

翻转过来

番茄酱和芝士

1 橘色纸的背面向上,对折,然后再对折。

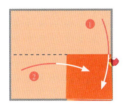

2 用手将纸的角撕下来,尽量撕成圆形,然后展开。

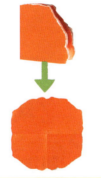

3 揉皱即可。

● 番茄酱

● 芝士

芝士要用黄色的纸来制作。

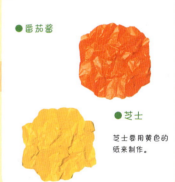

制作比萨

1 按照番茄酱、芝士的顺序,依次将其用胶棒粘到比萨饼胚上。

2 将纸剪成圆形,制作萨拉米香肠。然后将青椒(见第80页)和香肠粘上去即可。

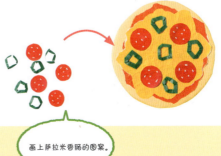

画上萨拉米香肠的图案。

庙会日

★ 10 刨冰

★ 7
炒面

8 鲷鱼烧

章鱼小丸子

制作炒面

 ★ 7

配料

1 将浅茶色的纸揉皱。

2 用剪刀剪成小块即可。

●猪肉

●甘蓝
将揉皱的绿色纸用手撕成小块吧。

炒面

1 将纸剪成细丝，揉乱。

剪法参考第12页。

制作炒面

3 装饰上猪肉、甘蓝和红姜即可。

2 放入盘中。

将红色的纸剪成细丝，就做成红姜了哦。

制作鲷鱼烧 8

1 剪下1/4张纸。

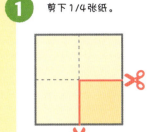

2 纸的背面向上，把纸巾叠起来放在纸上面。

纸巾不要放在正中间，要稍微向一侧偏一点。

3

将上下两侧的纸分别折向中间，用胶棒固定。

4 将两个角分别折进去，中间内折封口。

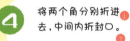

5 翻转过来，画上图案。

6 将图中箭头所示的位置用手捏紧，做出尾巴即可。

制作章鱼小丸子 ★ 9

章鱼小丸子

1 剪下1/4张纸。

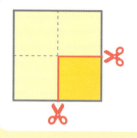

2 揉皱。

3 剪成圆形，中间涂上颜色。

4 背面向上，放进量勺中，塞入纸巾球。

5 用纸将纸巾包裹住。

6 取出包裹有纸巾的纸，整理好形状，画上图案即可。

绿色的是海苔碎哦。

制作刨冰 ★ 10

1 从纸杯边缘向下剪出切口，将纸杯上半部分剪掉。

2 在白色的纸上画出图案，然后将其揉皱（也可以用彩色纸的白色背面来制作）。

纸盒

1 将纸对折。

2 将纸折出三等分的折痕,然后展开。

3 沿着折痕用剪刀剪开一段。

4 将中间一段向内折。

制作章鱼小·丸子

将小丸子放入纸盒中即可。

5 将纸盒两边向中间弯折,用透明胶条固定。 这两处粘到一起。

另一边也用相同的方法固定即可。

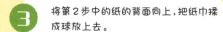

3 将第2步中的纸的背面向上,把纸巾揉成球放上去。

4 用纸将纸巾包裹住,放入第1步中的纸杯中。

5 整理一下形状,把勺子放进去即可。

在优雅的咖啡厅，招待我的朋友们！

咖啡厅

这是一个梦想中的美妙的咖啡厅。

和朋友们一起玩假扮店主和客人的游戏吧。

还得再做一些大家都喜欢的甜品！

⭐5
冰激凌苏打水

⭐4
咖啡

⭐2
日式厚松饼

⭐1　布丁芭菲

⭐3　三明治

制作布丁芭菲 1

布丁

1 剪下1/2张纸。

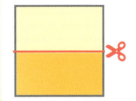

2 将纸卷在小号纸杯上，用胶棒粘好。

剪去多余的纸后要使整个纸杯被黄色的纸包裹住。

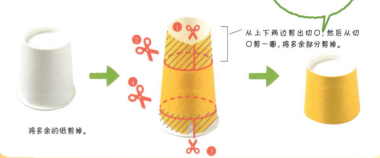

将多余的纸剪掉。

从上下两边剪出切口，然后从切口剪一圈，将多余部分剪掉。

3 剪下1/4张纸。

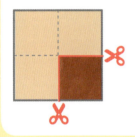

4 将瓦楞纸板剪成与纸杯底部同样大小的圆形。纸的背面向上，把瓦楞纸板放在纸上面。

5 用纸把瓦楞纸板包裹住。

6 粘在第2步中做好的纸杯上即可。

焦糖酱看起来可真好吃呀。

将第5步中的纸板翻转后的正面图。

制作布丁芭菲

1 准备一个杯子。

推荐使用透明的、深一点的杯子。

2 塞入纸巾。

3 放入喜欢的装饰品。

将喜欢的颜色的纸撕成小块，揉成纸球放进去。

4 再盖上一些纸巾。

5 放上布丁。

这里使用的是薄脆饼（见第18-20页）的装饰哦。

特制的水果布丁芭菲做好了！

6

将纸巾拧成细长条，环绕在布丁周围，再装饰上喜欢的顶部装饰即可。

制作日式厚松饼 2

1 剪下一片圆形瓦楞纸板。

7厘米

2 用纸巾做成和第1步中的瓦楞纸板相同大小的圆饼。

3 黄色的纸背面向上，剪掉周围4个角，然后依次在其上方放上纸巾、瓦楞纸板。

5 将茶色的纸剪成圆形，用胶棒粘在第4步中的纸上。

4 用纸包裹住。

6 翻转到正面，涂上颜色

也可以按照第5步，再剪下一张同样的纸粘上。

9 用双面胶粘在第6步中做好的松饼上即可。

7 剪下1/4张奶油色纸。

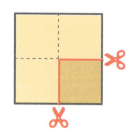

8 将纸巾叠起来，用第7步中的纸将其包裹住。

制作两个厚松饼看起来会更棒。

制作三明治 3

面包

1 将白色纸对折,再对折。

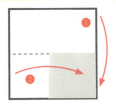

2 折成三角形。

3 再次对折成三角形即可。

配料

1 剪下1/4张粉色纸。

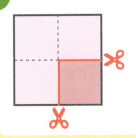

2 折成三角形。

3 再次对折成三角形即可。

●火腿

●鸡蛋
用黄色纸,按照制作火腿的方法来制作。

制作三明治

1 将折叠后的面包打开。

在面包制作方法的第3步里有一个红色★,展开时红色★在上方。

2 在两侧分别塞入火腿和鸡蛋。

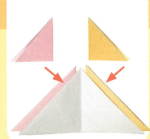

3 制作两个叠成1/4大小的生菜(见第59页),如图所示,用胶棒固定上去。

4 将面包叠起来即可。

91

制作咖啡   4

1 裁剪卷纸芯。

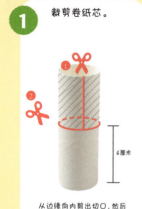

6厘米

从边缘向内剪出切口，然后剪掉一圈。

2 剪出切口。

3 将剪开的部分向内折。

5 剪下1/2张纸。

4 从牛奶盒上剪下圆形纸片，用胶棒粘在第3步中的卷纸芯上面。

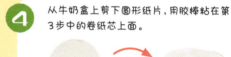

按照卷纸芯的形状剪成圆形的纸片。

6 纸的背面向上，把第4步中的卷纸芯放在卷纸上面，将其卷起来，用胶棒固定。

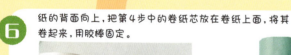

7 将上面多出来的纸向内折叠。

8 把底部的纸折平，用透明胶条固定。

翻转过来。

9 剪下1/4张纸。

10 纸的背面向上,对折。

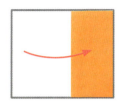

11 将纸按照三等分折成细长条。

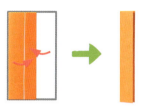

14 剪下圆形瓦楞纸板,在它的两面用胶棒分别粘上相同大小的圆形纸。

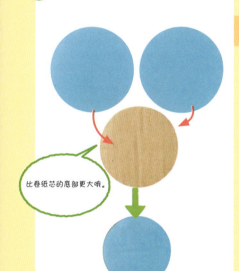

比卷纸芯的底部更大哦。

13 用双面胶将纸杯粘到第8步中做好的杯子上。

12 卷成纸环,用透明胶条固定。

在纸杯上画上图案或用有图案的纸来制作也很可爱呀。

15 画出图案。

16 放在第13步中做好的杯子下即可。

制作冰激凌苏打水 5

1 将绿色的纸放入透明塑料杯中。

2 在纸中塞入纸巾。

3 用纸将纸巾包裹住，将表面完全遮盖。

好幸福！ ❤

4 剪下1/4张红色纸，揉成小球来制作樱桃。

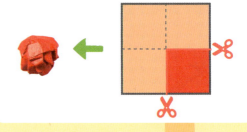

5 剪下1/4张奶油色的纸，制作成冰激凌（见第23页）。

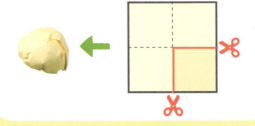

6 在第3步中做好的杯子中装饰上第4步中的樱桃和第5步中的冰激凌，最后插入吸管即可。

用不同颜色的纸可以做出不同口味的果汁。

3

大家的愿望！

杂货店

游戏

让您久等了！

畅销玩具大集合！

玩具店

★2
玩具小屋

★1
指套玩偶

这是套在手指上就可以玩的
动物玩偶！
可以将玩具小屋做成小房子，
也可以将指套玩偶放在交通工具上！

★4

★5

交通工具

★3

制作指套玩偶 1

1 剪下1/2张纸。

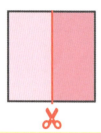

2 对齐纸中间的线，将上半部分折向中间，然后再次折叠。

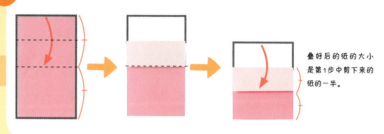

叠好后的纸的大小是第1步中剪下来的纸的一半。

3 将第2步中的折叠部分，向相反方向叠一半。

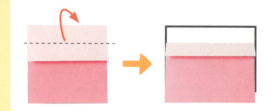

4 底边稍微向上叠一点。

5 翻转过来，在折叠后的折痕处剪出切口。

在三等分的位置，从下向上剪开。

6 将中间的一块展开。

7 从两侧折向中间折叠。

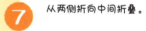

制作企鹅时

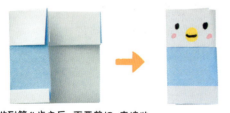

做到第4步之后，不要剪切，直接做第7步和第8步。

翻转后画上企鹅脸即可。

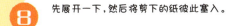

8 先展开一下，然后将剪下的纸彼此塞入。

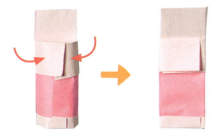

9 翻转过来，剪出耳朵的形状。

耳朵的部分是折叠了3层的哦。

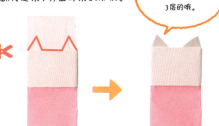

10 将耳朵部分的纸一层向前折叠，另外两层向后折叠，并塞到里面。

11 画上小猪的脸即可。

兔子、青蛙、小熊都是在第9步完成后，制作各自的耳朵，再画上他们的脸即可。

青蛙　企鹅

小猪

小狗　　小熊

兔子

小狗的制作方法只是在第9步制作耳朵时形状有些不同。

可以讲故事了!

制作玩具小·屋

房间

1 将纸巾盒剪下一半。

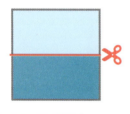

2 将当作地板的纸用胶棒粘到纸巾盒底部，将纸跟纸巾盒边缘对齐粘贴，要能够将纸巾盒覆盖。

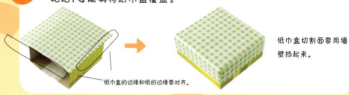

纸巾盒的边缘和纸的边缘要对齐。

纸巾盒切割面要用墙壁挡起来。

3 在装纸的袋子里会有一张卡纸，在卡纸的正面和背面粘上纸，作为墙壁。

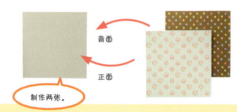

背面

正面

正面和背面分别贴上不同花纹的纸，房间会更漂亮哦。

制作两张。

4 剪下1/2张纸。

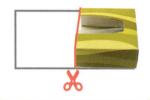

6 将第5步中做出来的纸上面的边缘剪成弧形，展开后粘到第3步中制作的墙壁上。然后将两张做墙壁的卡纸从背面用透明胶条粘到一起，放在第2步中制作出的地板侧面，用透明胶条粘好。

5 对折成细长条，再将细长条对折两次。

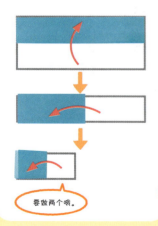

要做两个哦。

7 在纸上画出家具并剪下来。

柜子、盆栽和窗户的制作方法都是相同的哦。

8 剪下1/4张纸，对折，按如图所示的形状裁剪，展开。

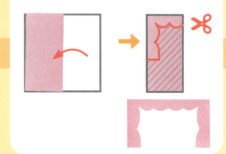

椅子/桌子/床

1 如图所示裁剪卡纸。如果用手工用纸，可以沿着格子剪，会更加方便。

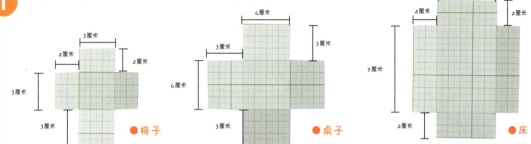

3厘米
2厘米
2厘米
3厘米
3厘米
● 椅子

4厘米
3厘米
3厘米
4厘米
3厘米
● 桌子

5厘米
2厘米
2厘米
7厘米
2厘米
● 床

2 在剪下的卡纸上用胶棒粘上纸。

● 椅子
● 桌子
● 床

可以先在剪下的卡纸上粘上整张纸，然后将多余的部分剪掉。

3 将纸突出的部分折好，然后再在背面用透明胶条固定即可。

● 椅子
● 桌子
● 床

椅背和床头的部分要向相反的方向折叠哦。

9 在第6步中做好的房间里将第7步和第8步中做出的家具装饰进去即可。

在房间中放上家具看看吧

可以试试在房间里换上不同的家具或是将指套玩偶放进去。

制作交通工具

 车 ⭐3

1

剪下7~8厘米长的细吸管和4厘米长的粗吸管，各两根。准备4个相同的塑料瓶盖。

7~8厘米

4厘米

2

将细吸管的一端剪开4个约5毫米的切口。

5毫米

3

将切口打开，将粗吸管套上去，再将另一端也剪出切口，打开。

要做两根哦。

4

在瓶盖里贴上许多双面胶，将第3步中做好的吸管贴在上面。然后继续在上面贴上透明胶条固定。

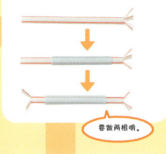

双面胶

透明胶条

也要做两个哦。

6

用纸将卷纸芯卷起来，把纸的两端塞入卷纸芯。

接口处

5

纸的背面向上，将卷纸芯放在纸上面。

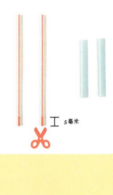

7

将纸的接口处作为底面，将其压平，做成半拱形的纸卷。

用手指捏出折角。

8

在稍稍偏离正中心的地方剪出切口。

切口

注意！

在使用裁纸刀裁剪时，一定要让大人来哦。

9

按压切口处，使一端凹下去。

这一边是车头。

10 纸的背面向上,把纸巾揉成球放在纸上,用纸包裹住纸巾。

11 剪下1/4张纸。

12 在背面涂上胶,对折。

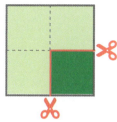

14 将第10步中做的纸球塞入第9步中做的车头处。再将第13步中做的半圆用透明胶条固定在切口处。

13步中做出的纸

固定半圆的时候,从卷纸芯内侧贴胶条,就可以做得很整洁漂亮。

13 剪下如图所示的形状。

15 做一些装饰。

用纸剪出数字。

车灯是圆形贴纸。

16 在车子下面将第4步中做出的轮子用透明胶条粘上去即可。

将透明胶条横着和竖着多贴几条,就可以做得更加牢固。

可以让指套玩偶(见第98页)坐在车上哦。

圆形贴纸

飞机 ★4

1 按照做车的方法（见第102-103页）从第1步做到第6步。

2 按照做车的方法，从第8步做到第10步，再像第14步一样剪出切口，把前面用纸球塞住。

3 用透明胶条固定好车轮。

螺旋桨飞机好帅！

4 用卡纸剪出机翼、尾翼、螺旋桨的形状。

机翼比尾翼长大约1厘米。

尾翼
3~4厘米
3厘米

机翼
3厘米
5厘米

机翼

螺旋桨
8厘米

7 贴上装饰即可。

星形贴纸
圆形贴纸
圆形贴纸

6 将第5步中做好的部分都用透明胶条固定在第3步中做好的机身上。

将机翼稍微折一下再贴会比较容易。

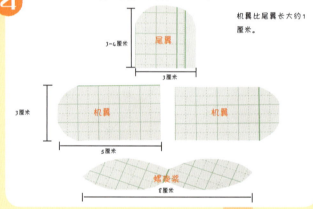

5 用胶棒粘上纸。

可以先在卡纸上涂上胶，把纸粘上去，然后再把多余的部分剪掉。

公共汽车 ★5

1 将牙膏盒或其他盒子剪下大约11厘米长的一段,保留原来的封盖,把盖子盖好。

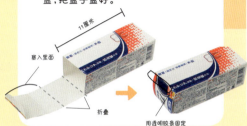

11厘米

塞入里面

折叠

用透明胶条固定

2 将盒子所有边都粘上双面胶,盒子边缘和纸边缘对齐。

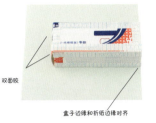

双面胶

盒子边缘和折纸边缘对齐

3 用纸包好盒子。

这一面用剪下来的纸贴好。

5 剪下1/4张纸,对折。

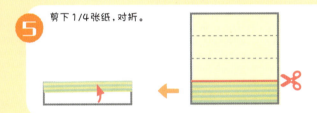

4 剪下与盒子一边同样大的纸,用胶棒将其粘到盒子上。

要把盒子本来的图案都遮住。

6 将第5步中的纸剪成和盒子一样的长度。

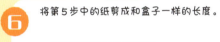

要剪下这样的两条哦。

8 像做车(见第102~103页)一样装上轮子,再做一些装饰即可。

指套玩偶见第98页可以装饰在两侧的口袋里。

圆形贴纸

7 如图所示,将第6步中做好的纸用透明胶条粘在盒子两侧。

上面像口袋一样可以打开。

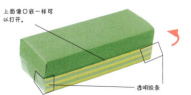

透明胶条

虽然很小，但是和实物一模一样！

文具店

仅用彩纸，

就可以制造出五彩斑斓的超迷你笔记本和蜡笔。

如果用这么可爱的文具，

是不是就会特别想学习呢？

⭐4
笔记本

⭐3
橡皮

★1
蜡笔

★2
铅笔

制作蜡笔 1

① 剪下1/4张纸。

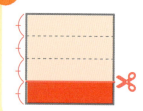

② 将纸卷在细吸管上，用胶棒固定。

③ 将吸管取出来，把纸卷的一端稍微抽出来一点。

做成蜡笔的笔头。

制作蜡笔盒

① 将1/4张纸沿横向和竖向各对折两次，折出折痕。

② 将纸边缘到第一条折痕的部分三等分，沿折痕将上下两条边分别向内折叠两次。

③ 左右两边也同样折叠。

④ 将纸展开，在第2、3步中做好的折痕处，按照如图所示的位置剪开，剪到第2条折痕处。

⑤ 上下两条边分别折一次。

⑥ 将折好的部分竖起来，把剪开的部分内折，做成盒子的形状。

⑦ 左右两边同样折叠，拐角处用左右两边的纸包裹住上下两边即可。

④ 剪下1/16张纸，卷在第3步中做好的蜡笔上，用胶棒固定好即可。

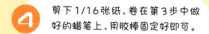

笔的下端也稍微露出一点颜色会更像真的哦。

制作铅笔 ⭐2

1 用绿色的纸和奶油色的纸做出如第108页中的蜡笔。

要用绿色纸把奶油色纸全都包裹住，不要露出来。

2 将黑色纸折成细长的条。

3 从第1步中做好的蜡笔笔头一端塞进去即可。

制作橡皮 ⭐3

1 剪下1/4张白色纸。

2 竖着对折4次之后再横着对折一次。

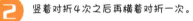

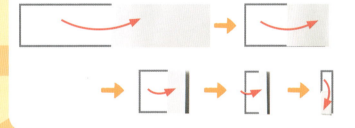

3 用别的颜色的纸按照图中的形状剪下一块。

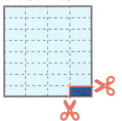

4 纸的背面向上，把上面稍微折叠一些下来。

5 卷在第2步中做好的纸上，用透明胶条固定好即可。

制作笔记本 4

1 剪下 1/2 张纸。

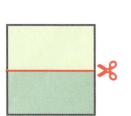

2 竖着对折两次后再横着对折一次。

3 将纸展开到第 2 步中第 1 次对折后的样子，按照如图所示的位置用剪刀剪开，然后展开。

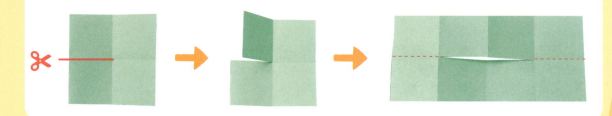

4 对折后再把剪开的部分拉开，折成笔记本的形状。

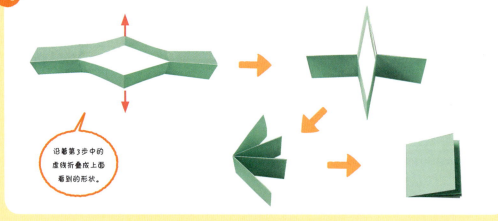

沿着第 3 步中的虚线折叠成上面看到的形状。

5 如图所示剪下小纸片,用胶棒将其粘在笔记本书脊的位置,将书脊包裹住。

> 也可以先将细长条的纸粘上去,再把多余的部分剪掉。

6 进行装饰即可。

> 可以用各种颜色的纸多制作一些看看。

制作大笔记本

剪下1/3张纸。

按照笔记本制作方法的第1~6步制作,就可以做出大笔记本了。

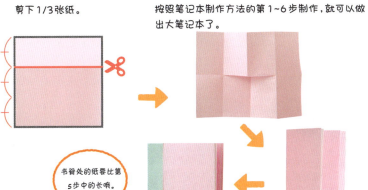

> 书脊处的纸要比第5步中的长哦。

哪个都想要!

让大家一起变身时尚潮人！

饰品店

让我们一起做出许多可爱的首饰吧。

全都是真的可以佩戴的饰品哦。

要让客人们挑选最喜欢的那个。

项链

4

3

手镯

6

2

1

戒指

制作戒指

 制作窄戒指

1 如图所示剪下纸。

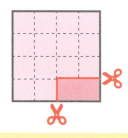

2 对折成细长的条。

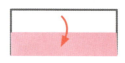

3 将上下两边分别对齐中间对折，然后再沿着中线对折。

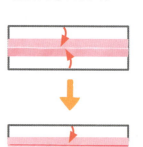

4 做成圆环，用透明胶条固定。

5 剪下1/16张纸。

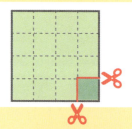

6 揉成纸球，再用双面胶粘在第4步中做好的圆环上即可。

有这么多戒指，超开心！

还可以装饰上贴纸或裁剪出的纸。再做一些其他装饰的戒指看看吧。

 制作宽戒指 2

1 剪下如图所示的纸。

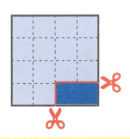

2 对折成细长的条。

3 再次对折。

4 做成圆环，用透明胶条固定。

5 制作装饰，用胶棒固定即可。

较宽的戒指上可以用较大的装饰。

推荐使用打孔器（见第12页）制作！

115

制作手镯

手镯的环

1 剪下1/4张纸。

2 纸的背面向上，按三等分折叠两次。

3 将一端折一下，挂一个橡皮筋，然后将纸用透明胶条固定。

透明胶条

4 将纸的另一侧也按照第3步中的做法折叠，把橡皮筋固定住即可。

心形手镯 ⭐3

将剪好的纸用胶棒粘在手镯的环上即可。

一个常见的手镯就做好啦。

使用打孔器（见第12页）就会很简单！

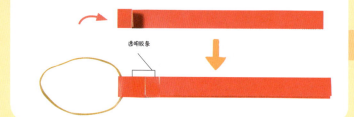

制作花朵手镯 4

1 剪下1/4张纸。

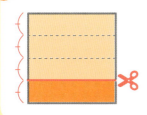

2 纸的背面向外，做成环形，用胶棒固定。

3 将纸的底部捏紧，然后用透明胶条固定，把上面展开。

4 剪下1/16张纸。

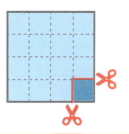

5 揉成纸球，用双面胶将其粘在第3步中做好的花朵中心，整理好形状。

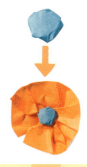

6 用透明胶条将第5步中做好的花朵粘在手镯的环上即可。

大朵的花更显得浪漫！

制作项链

长串珠

1 剪下1/4张纸。

2 将纸的背面上下两边都粘上双面胶，其中一侧粘上一根吸管，将纸卷在吸管上。

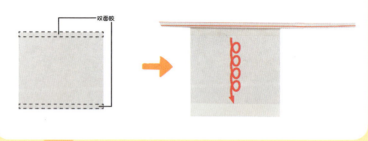

双面胶

3 将多余的吸管剪掉。

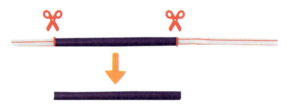

4 剪成喜欢的长度即可。

如果要制作大量的串珠，可以在第1步时剪下细长的1/2张纸。

圆串珠

将纸剪成原来大小的1/4，揉成纸球即可。

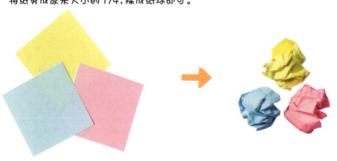

制作项链

准备

制作针和线

用透明胶条将风筝线粘在
竹签上。

透明胶条

长串珠项链 ⭐5

将针线穿过做好的长串珠，然后将线的尾端系好即可。

> 像上面的照片中⭐5
> 那样加入其他装
> 饰也很不错！

圆串珠项链 ⭐6

用针将圆串珠刺透，然后将线穿过去，将串珠
都穿好后，把线系好即可。

> 想要用最可爱的
> 颜色做！

将长串珠和圆串珠串到一起
也很好看！

⭐7
花式串珠项链

> ⭐8 的项链是将第18页
> 的草莓用双面胶粘在
> 细丝带上做的。

119

稍微有了一些长大成人的感觉♪
手表店

手表是非常令人憧憬的物品。

做出一个漂亮的原创手表，

让小伙伴羡慕吧。

把塑料瓶盖用纸包起来就能变得五颜六色啦！

制作手表 1

1 将卷纸芯从一侧剪开，然后剪下一圈。

2厘米

2 剪下 1/2 张纸。

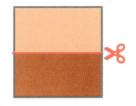

3 纸的背面向上，用胶棒把第 1 步中的纸芯粘在纸中间。用纸将卷纸芯包裹住，用胶棒粘好。

4 将两侧多余的部分折进去。

5 将橡皮筋用透明胶条粘在纸上。

透明胶条

6 在另一侧也同样用透明胶条将橡皮筋粘好，画上图案。

7 剪下和塑料瓶盖相同大小的瓦楞纸板。

8 剪下 1/4 张纸，将剪好的瓦楞纸板包进去。

9 在正面画上图案，然后将其用双面胶粘到瓶盖顶上。

10 将第 9 步中做好的表盘用透明胶条固定在第 6 步中做好的表带上即可。

透明胶条

手表店

● 手表

被漂亮的花朵包围着，好幸福！

花店

⭐2 郁金香

⭐4 玛格丽特

⭐1 康乃馨

⭐3 非洲菊

可以制作4种花，
做一个五颜六色的花束试试看吧。

制作茎

康乃馨、郁金香、非洲菊的茎

1 剪下1/4张纸。
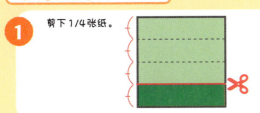

2 在背面粘上双面胶。

3 在一端放上吸管。

稍微留出一点

4 用纸将吸管卷好，剪掉多余的吸管。

5 将没有吸管的一端的纸剪开。

6 将剪开的纸展开即可。

玛格丽特的茎

1 剪下1/4张纸。
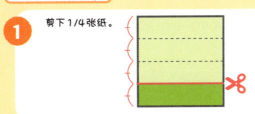

2 在背面粘上双面胶。

3 在一端放上吸管。
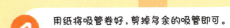

4 用纸将吸管卷好，剪掉多余的吸管即可。

制作康乃馨 1

1 剪下1/4张纸。

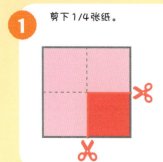

2 纸的背面向上，然后对折两次。

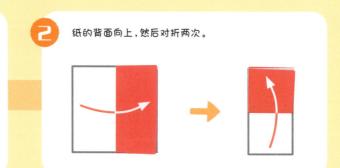

3 用锯齿剪刀，按如图所示的形状裁剪成圆形。制作两片。

4 将两片纸的背面（白色面）粘在一起。

仅将中间的部分用胶棒粘在一起。

5 将纸中间捏紧，用透明胶条固定，将顶部展开。

将纸底部的透明胶条捏细、捏尖，就较容易插在茎上。

6 插在茎上，用胶棒固定，整理一下形状即可。

茎的制作方法请参考第123页。

最适合母亲节啦。

制作郁金香

1 剪下1/2张纸。

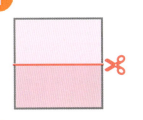

2 纸的背面向上，对折。

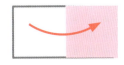

3 如图所示，将纸按三等分折叠两次。

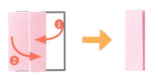

4 将纸的顶部剪成半圆形，展开。

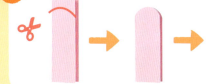

5 卷成纸环，用胶棒固定。

6 将纸的底部捏紧，用透明胶条固定。

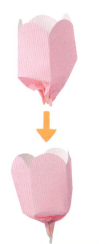

7 插在茎上，用胶棒固定，整理一下形状即可。

再用红色、白色、黄色的纸制作一些吧。

茎的制作方法请参考第123页。

制作非洲菊 3

1 将纸的背面向上，对折。

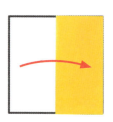

2 再次对折。

3 折成三角形。

4 剪成如图所示的形状，展开。

5 将纸的正面作为内侧，将中心部分捏紧，用透明胶条固定好，展开后整理一下形状。

⑥ 用剪成圆形的纸将塑料瓶盖包裹住，做出瓶盖的形状。

⑦ 将瓶盖取出，然后将纸按照瓶盖的形状折叠成圆形。

⑧ 用双面胶将圆形纸粘在第5步中做好的花朵上。

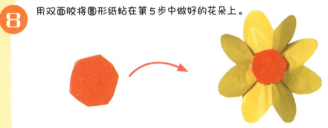

⑨ 将花朵插在茎上，用透明胶条粘住即可。

谢谢惠顾！

是一朵很大的非洲菊。

茎的制作方法请参考
第123页

制作玛格丽特  ⭐4

1 剪下1/2张纸。

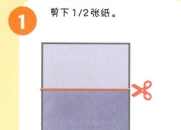

2 先横着对折成长条形，再竖着对折。

3 剪出细细的丝，然后展开。

4 将纸粘在茎上，用透明胶条固定好，然后将花瓣展开，整理一下形状。

透明胶条

茎的制作方法请参考第123页。

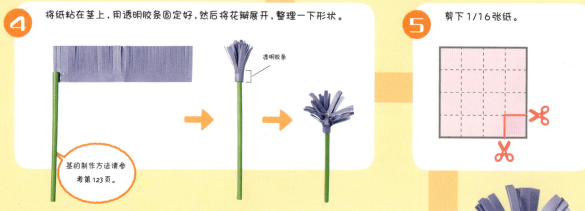

5 剪下1/16张纸。

6 搓成小球，用双面胶将其粘在第4步中做好的花朵上即可。

制作一个底座来展示这些花吧

将纸杯底部用圆珠笔等戳个洞即可。

根据花朵数量的不同，洞的大小也不一样。

制作花束

1 将两张折纸翻转到背面，然后用胶棒将它们拼接起来。

翻转之后粘贴

2 将做好的花按照喜欢的顺序组合起来，用橡皮筋将花茎绑起来，放到纸上。

3 用纸把花卷起来，然后用透明胶条固定。

4 用丝带系好即可！

这是用您喜欢的花朵制作出的花束。

作者简介

石川真理子

　　石川真理子出生于日本千叶县，是造型作家。她曾在玩具公司从事玩具开发设计工作，后在视频制作公司担任少儿节目制作和NHK《动手游戏》节目的造型工作，现担任NHK教育频道《诺吉的灵感工房》节目主编，负责设计和制作。石川真理子的作品涉及多个领域，作品的内容充满童心，主要面向孩子和家长，以简单折纸、立体纸玩具和玩偶手工等内容为主。石川真理子还举办了面向亲子和幼教的演讲。石川真理子著有《亲子游戏！简易又可爱的女孩折纸》《三丽鸥人物与女孩折纸》和《简易可爱的pompon商品》等图书。

本书是在《快乐折纸小掌柜》（2010年版）中增加了新的内容，再次编辑而成。